Philippe Matter

Mini-Loup et le fantôme

HACHETTE

Mini-Loup et sa bande

Mini-Loup

Le plus attachant des petits loups.

Un peu gaffeur mais toujours prêt pour de nouvelles aventures.

Moussa

Voici le plus fidèle des éléphants, Moussa.

Plein d'astuce et courageux, c'est un des meilleurs copains de Mini-Loup.

Anicet

Un petit cochon,
ami de Mini-Loup.

S'ils se disputent souvent, ils ne restent pas fâchés très longtemps.

Mini-Pic

Un petit hérisson qui
complète la bande d'amis.

Toujours là pour jouer au foot, aux billes ou construire une cabane...

Louna

l'amoureuse
de Mini-Loup...

Qu'est-ce qu'elle est jolie et sympa...
Pour Mini-Loup, c'est sûr,
Louna et lui se marieront plus tard
et auront des tas d'enfants...

Avec la collaboration de Philippe Munch

Hachette Livre, 58, rue Jean Bleuzen, 92178 Vanves Cedex.

La grange

Mini-Loup et les copains se sont donné rendez-vous dans la grange du père Basile pour jouer à cache-cache.

C'est leur terrain de jeux préféré, surtout quand il pleut comme ce matin.

Mini-Loup est arrivé en avance, un paquet à la main.

Il a la mine de celui qui mijote un mauvais coup.

« On va bien rigoler », se dit-il en ouvrant le paquet.

Il en sort un grand drap blanc percé de deux trous et s'en couvre la tête.

Avec ce déguisement, Mini-Loup ressemble à un vrai fantôme...

— Ouhouhou, tremblez, pauvres mortels ! gronde-t-il en partant se cacher dans un recoin sombre de la grange.

Et il éclate de rire...

Les copains arrivent par petits groupes. D'abord Anicet, Moussa et Mini-Pic. Puis Muche et Louna. Puis tous les autres...

— Et Mini-Loup qui n'est toujours pas là ! s'impatiente Anicet. On ferait mieux de commencer sans lui.

Aussitôt dit, aussitôt fait.

La petite bande tire à la courte paille et c'est Muche qui perd.

— Je compte jusqu'à 60 ! dit-elle pendant que les autres filent se cacher.

Louna est allée se glisser derrière un gros tas de foin. Ça va être drôlement difficile de la trouver !

Le plus dur est de se retenir de pouffer quand Muche passe à côté d'elle sans rien remarquer...

Soudain, Louna sent comme un frôlement dans son dos.

Surprise, elle se retourne et pousse un cri terrible.

— Hiiiiiiiiii !

— Ouhouhou ! répond la silhouette menaçante.

— Un fan... un fantôme ! hurle Louna, épouvantée par la mystérieuse apparition.

— Je t'ai vue ! s'écrie Muche. Tu as perdu.

— Au secours ! continue Louna qui est allée se réfugier derrière Moussa. Il y a un fantôme dans la grange !

L'étrange forme blanche s'approche alors du petit groupe.

— Ouhouhou !

Mais son cri effrayant se transforme en rire.

— Ha, ha, ha ! Je vous ai bien eus, rigole Mini-Loup en retirant son drap.

Louna est à présent rouge de colère. On dirait qu'elle n'a pas apprécié la blague de Mini-Loup.

— Triple andouille ! s'écrie-t-elle en serrant les poings. Ça ne me fait pas rire du tout... Et, en plus, j'ai perdu à cause de toi !

Heureusement, Moussa est là pour arranger les choses.

— Je veux bien prendre ta place, dit-il à Louna. Et si je croise un fantôme, je lui flanquerai un bon coup de trompe ! ajoute-t-il en regardant Mini-Loup.

Trop heureux d'éviter une dispute, le petit loup farceur promet de se tenir à carreau.

La partie de cache-cache peut reprendre...

— ... 57, 58, 59 et... 60 ! crie Moussa. J'arrive...

Les copains sont si bien cachés qu'il lui faut un bon moment avant de tomber sur quelqu'un.

Et ça aurait pu durer encore plus longtemps si Doudou n'avait pas crié...

Ensuite, c'est à Doudou de chercher.

Il n'a pas à se donner beaucoup de mal parce qu'Anicet est trahi par sa propre gourmandise.

Il vaut mieux éviter de manger des chips quand on joue à cache-cache !

Puis Anicet trouve Mini-Pic qui trouve Muche qui trouve Gus.

Gus a un peu de mal mais il finit par dénicher Moussa qui s'y recolle...

Lorsque Moussa découvre Louna, il fait de plus en plus sombre dans la grange et, dehors, l'orage gronde.

— Brrr, ça commence à devenir un peu inquiétant par ici, bredouille-t-elle. On ne pourrait pas passer à autre chose ?

— Oh non, c'est encore plus rigolo comme ça ! proteste Mini-Loup. Ne me dis pas que tu as peur...

Eh bien, si. Justement ! Louna a peur. Mais elle ne tient pas à l'avouer devant tout le monde.

Et surtout pas devant Mini-Loup !

Courageusement, Louna commence à compter : 1, 2, 3, 4, 5...

Lorsqu'elle rouvre les yeux, la grange lui paraît encore plus sombre.

Louna avance à tâtons. Par chance, ses pas hésitants la mènent droit sur le bric-à-brac du fond. Là où Mini-Loup s'est réfugié...

C'est un recoin particulièrement encombré, un empilement d'objets de toute sorte.

Mini-Loup s'est caché là, dans une grande malle. Il est parvenu à s'y glisser entièrement et à refermer le couvercle.

Il songe bien à sortir de sa cachette tout en poussant un cri terrible… Mais il a promis de rester sage.

Alors il se retient de faire le moindre bruit et se tasse autant qu'il peut.

Louna est tout près de lui, maintenant.

C'est à ce moment-là qu'une petite voix murmure à l'oreille de Mini-Loup :

— À quoi tu joues ?

— Aaaaaaaaah !!! hurle Mini-Loup qui, d'un bond, jaillit hors de la malle.

— Iiiiiiiiiiiiih !!! répond Louna, encore plus effrayée.

Quand Louna a repris ses esprits, elle laisse éclater sa colère :

— J'ai failli mourir de peur, espèce de cornichon !

— Ouais, c'est pas sympa, approuve Moussa.

— J'y suis pour rien ! se défend Mini-Loup. C'est vous qui m'avez fait une blague.

— N'importe quoi, réplique Anicet. Tu es le seul à t'être caché dans ce bazar.

— C'est pas vrai ! Il y avait quelqu'un d'autre dans cette malle...

Mais personne ne veut croire Mini-Loup.

Surtout pas Louna...

— Puisque c'est comme ça, je rentre chez moi ! déclare-t-elle en tournant les talons.

— Attends-moi, je t'accompagne, dit Muche en lui emboîtant le pas. Ces plaisanteries commencent aussi à me fatiguer...

— C’est malin ! grommelle Mini-Pic qui s’en va à son tour, suivi par Anicet, Gus et Moussa. Maintenant la journée est gâchée !

À la fin, il ne reste plus que Mini-Loup dans la grange déserte...

La maison

— Pff ! C'est trop injuste, marmonne Mini-Loup. Tout le monde me fait la tête, maintenant.

— Pas moi ! répond une petite voix qui semble provenir de la grosse malle. Tu es trop drôle...

— Qui... qui qui a parlé ? balbutie Mini-Loup de moins en moins convaincu que ce sont les copains qui lui font des blagues. Et puis sors de ta cachette si t'es un homme...

— Je ne suis pas un homme, mais je veux bien me montrer quand même. Il faut juste que tu me promettes de ne pas hurler comme tout à l'heure.

— Pff, comme si j'étais du genre à pousser des cris pour rien ! Tout à l'heure, tu m'as pris par surprise.

— Dans ce cas, je sors ! fait la petite voix.

Par prudence, Mini-Loup recule de quelques pas.

On ne sait jamais...

Mini-Loup n'en croit pas ses yeux. Dans la pénombre de la grange, il devine une silhouette blanche et un peu translucide qui sort de la malle.

— Hi, hi, hi ! Me voici !

Mini-Loup a beau être courageux, il a du mal à se retenir de crier.

D'ailleurs, il n'y arrive pas...

— Aaaaaaah ! hurle-t-il en se précipitant ventre à terre vers la sortie. Un fantôme !

Mais, juste au moment où Mini-Loup va franchir le seuil de la grange, un brusque coup de vent lui claque la porte au nez.

Vlam !

— Reste jouer avec moi, reprend la petite forme blanche. Je m'ennuie depuis si longtemps...

— C'est... c'est toi qui as fermé la porte ? demande Mini-Loup tout en massant sa pauvre truffe endolorie. Comment tu as fait ça ?

— Hi, hi, hi ! J'ai tout un tas de petits tours dans mon sac à malice, répond l'étrange créature. Si tu veux, je te montrerai, mais commence d'abord par te relever. Et puis arrête de claquer des dents...

Une forme blanche, des portes qui claquent... Pour Mini-Loup il n'y a qu'une seule explication :

— Tu es vraiment un fantôme ? demande-t-il en espérant que la réponse soit non.

— Oui ! Et plus précisément UNE fantôme !

Mini-Loup est bien obligé de l'admettre : le fantôme a des couettes !

— Mince alors, une fille fantôme ! Je ne savais pas que ça existait...

— Peuh, c'est bien une remarque de garçon, ça ! réplique la fillette d'un ton pincé.

Mini-Loup est un peu dépassé par la situation. C'est la première fantômette qu'il rencontre et il ne tient pas à la contrarier...

— Je te demande pardon, je ne voulais pas te vexer, dit-il poliment. Comment t'appelles-tu ?

— Bertille Aldeberthe Clothilde Sidonie Ursule de la Motte Piquet pour vous servir, noble seigneur ! minaude la petite fantôme en faisant une révérence.

— Ben moi, c'est Mini-Loup du village d'à côté, répond plus simplement notre ami. Alors, comme ça, t'es un fantôme...

Il ne faut pas beaucoup de temps à Mini-Loup pour se sentir à l'aise avec sa nouvelle amie. Ils se sont assis côte à côte sur la vieille malle et papotent comme s'ils se connaissaient depuis toujours.

En fait, c'est surtout Bertille qui parle.

— Ce n'est pas toujours drôle d'être fantôme, tu sais, explique-t-elle en gesticulant. Il y a surtout des vieux qui passent leur temps à agiter des chaînes en faisant « Ouhouhou ! » C'est d'un ennui mortel...

— Et jamais personne pour jouer avec moi ! reprend la fillette. Ça fait 738 ans que je suis dans cette malle. Je commençais à trouver le temps long...

738 ans ! Mini-Loup n'est même pas sûr de savoir compter jusque-là.

— Mince alors, tu ne fais pas ton âge ! déclare-t-il, stupéfait. Quand je pense que tu ne connais ni la télé, ni les bonbons, ni même le foot...

— Ah, comme j'aimerais voir toutes ces choses, répond Bertille d'une voix rêveuse. Mais je n'ai pas le droit de hanter n'importe où. À moins d'y être invitée, bien sûr...

— Invitée ? Tu peux venir chez moi si tu veux, propose Mini-Loup, amusé à l'idée d'inviter un fantôme à la maison. Dans ma chambre, il y a un placard bien plus confortable que ta malle...

La fantômette est si contente qu'elle saute au cou de Mini-Loup pour lui faire une bise.

C'est étrange, une bise de fantôme. On ne sent pas grand-chose.

Mais ça n'a pas empêché Mini-Loup de rougir comme une tomate.

Un peu plus tard, lorsque Mini-Loup arrive chez lui, sa maman ne remarque rien car Bertille sait se rendre presque invisible...

Une fois en sécurité dans sa chambre, Mini-Loup lance un clin d'œil complice à sa nouvelle copine.

— Ça va, dit-il. Tu peux arrêter ton truc de fille invisible. On ne risque plus rien.

— Comme c'est beau, s'exclame Bertille en réapparaissant.

— Normal, c'est chez moi, répond modestement Mini-Loup. Et tu n'as encore rien vu ! ajoute-t-il en ouvrant son coffre à jouets.

Bertille est fascinée par toutes ces nouveautés, mais c'est surtout la console qui l'intéresse.

Au début, elle a un peu de mal parce que ses doigts traversent la manette. Mais elle finit par se débrouiller...

Mini-Loup propose de commencer en douceur par *Maximum Krash*, un jeu de courses automobiles avec de chouettes accidents.

Puis Bertille enchaîne avec *Démolition totale*, un jeu de stratégie où on doit tout casser.

Mais là où elle est la meilleure, c'est à *Zombies contre fantômes*. Elle pulvérise même le record de Mini-Loup avec un score à vous dégoûter d'être un zombie !

L'après-midi passe comme un éclair tant Mini-Loup et la fantômette s'amusent.

Il faut juste s'interrompre à l'heure du dîner pour que les parents ne se doutent de rien.

— Je mange à toute vitesse et je reviens. Tu veux que je te rapporte quelque chose ? demande Mini-Loup en quittant la chambre.

— Non merci, je n'ai pas faim, répond Bertille. J'ai pris un bon petit déjeuner il y a 738 ans...

À table, Mini-Loup a beaucoup de mal à se comporter comme d'habitude.

— Tu es sûr que ça va ? lui demande sa maman. Tu n'as pas l'air dans ton assiette...

— Tu t'es encore disputé avec Louna ? interroge Papa-Loup.

Louna ! C'est vrai que Louna lui fait la tête.

Avec tous ces évènements, Mini-Loup l'avait presque oubliée !

— Non, tout va bien, assure-t-il. Je suis juste fatigué.

Papa et Maman-Loup sont un peu étonnés de voir leur fils sc couchcr aussi tôt mais ils sont loin de se douter qu'il y a un nouvel occupant dans la maison...

L’école

Mini-Loup passe une très mauvaise nuit à cause de Bertille qui n’arrête pas de gigoter et de faire du bruit.

— Comment peut-on avoir envie de dormir la nuit ? s’exclame-t-elle lorsque Mini-Loup lui dit de se reposer.

Chez nous, les fantômes, c'est le moment où on s'amuse le plus !

Mini-Loup s'en fiche un peu. Lui, tout ce qu'il veut, c'est avoir la paix.

Mais Bertille est bavarde. Très bavarde...

En fait, Mini-Loup n'a jamais rencontré personne qui parle autant.

Après 738 ans de silence, il comprend qu'elle ait envie de se rattraper. Mais pas en une seule nuit !

Le lendemain matin, au petit déjeuner, Maman-Loup remarque tout de suite que Mini-Loup a mauvaise mine.

— Tu n'as pas l'air plus frais qu'hier, dit-elle en découvrant sa pauvre figure toute chiffonnée.

— ..., répond Mini-Loup.

Que pourrait-il raconter ? Qu'une fillette fantôme avait passé la nuit à bavarder dans sa chambre ?...

Mini-Loup commence à regretter d'avoir invité Bertille à la maison et il se réjouit presque de devoir aller à l'école. Là-bas, au moins, il pourra se reposer...

Lorsqu'il franchit la grille de l'école, les copains sont déjà tous là. Ils accueillent Mini-Loup comme d'habitude, avec des rires et de grandes claques dans le dos.

Mais les filles lui font toujours la tête...

Mini-Loup meurt d'envie de s'expliquer. Il aimerait parler de Bertille mais il n'en a pas le temps : la cloche sonne le début du cours !

Ça commence mal pour Mini-Loup qui espérait passer une matinée tranquille à somnoler au fond de la classe : la maîtresse cherche un volontaire pour réciter la leçon de maths. Et comme personne ne lève le doigt, elle désigne... Mini-Loup !

— Alors, Mini-Loup, j'attends... s'impatiente Mlle Biglu. Explique-moi le théorème de Pythagore.

— Euh... c'est une histoire de triangle rectangle, murmure Mini-Loup. Mais c'est un peu compliqué à expliquer et je ne voudrais pas vous embêter avec ça...

Le regard sévère de la maîtresse ne lui laisse aucune illusion. Il va falloir répondre.

— Le carré de l'hypoténuse est égal à... commence Mlle Biglu pour mettre Mini-Loup sur la voie.

— Attendez voir, je me souviens : le carré de l'hypoténuse est égal à... zéro ?

— Non, pas exactement, répond la maîtresse. Mais ça risque d'être ta note si la mémoire ne te revient pas !

Décidément, depuis la veille, tout va mal pour Mini-Loup.

Il a beau lancer des regards désespérés à ses voisins, ni Moussa ni Anicet ne semblent capables de lui souffler la réponse.

Albin, lui, doit connaître ce Théorème de Pythagore vu qu'il est noble, lui aussi.

Mais Albin est assis au premier rang, juste à côté de la maîtresse.

— Donc il est égal à... à... bégaie Mini-Loup.

— ... à la somme des carrés des deux autres côtés, achève une petite voix à son oreille.

— À la somme des carrés des deux autres côtés, répète mécaniquement Mini-Loup qui ne risque rien à essayer.

Mlle Biglu a les yeux écarquillés. C'est bien la première fois que Mini-Loup sait sa leçon !

— Hum, c'est exact. Tu as fini par y arriver, dit la maîtresse comme à contrecœur. Je te mets 10 sur 10.

Mini-Loup l'a échappé belle. Heureusement que quelqu'un lui a soufflé la réponse !

— Bertille, c'est toi ? chuchote-t-il à tout hasard.

— Hi, hi, hi, ça fait 738 ans que je ne me suis pas autant amusée ! pouffe la fantôme.

— Je t'avais demandé de m'attendre sagement à la maison, grogne Mini-Loup. Alors, maintenant que tu es là, reste invisible et tiens-toi tranquille !

Le cours se poursuit comme d'habitude.

Et, comme d'habitude, Mini-Loup ne tarde pas à trouver le temps long.

— Pff ! Ça n'en finit pas, marmonne-t-il dans sa barbe. Qu'est-ce que je ne donnerais pas pour sortir d'ici...

— Hi, hi, hi, rien de plus facile, chuchote la fillette invisible. Ne bouge pas, je m'en occupe !

— Surtout pas ! s'écrie Mini-Loup. Reste ici, Bertille !

— Qu'est-ce qui te prend de crier comme ça ? s'inquiète la maîtresse. Et à qui parles-tu ?

— C'est vrai ! Qui c'est cette Bertille ? demande Louna.

Mini-Loup n'essaie même pas de répondre. Il sent venir la catastrophe...

Ensuite, tout va très vite.

D'abord la cloche de la récré sonne à toute volée. Puis la porte de la classe s'ouvre brusquement.

La maîtresse est tellement surprise qu'elle en tombe de sa chaise.

— Du calme, les enfants ! Ce n'est rien qu'un petit coup de vent, dit-elle d'une voix qui se voudrait rassurante.

Mais Muche pousse un cri. Quelqu'un l'a pincée !

Puis c'est Doudou qui se met à supplier qu'on arrête de le chatouiller.

Le désordre est indescriptible. Les cartables et les trousses se mettent à voler dans tous les sens. Tout le monde s'agite et crie à qui mieux mieux !

Les uns se réfugient sous leurs tables pendant que les autres se ruent vers la porte.

Profitant du désordre, Mini-Loup n'hésite pas à crier un bon coup.

— Bertille ! Si tu n'arrêtes pas immédiatement, je vais me fâcher.

À peine a-t-il fini sa phrase que, brusquement, tout redevient calme.

Dans la classe, chaises et pupitres sont renversés. Le sol est jonché d'objets qui se sont échappés des trousses et des cartables pendant le chahut général.

La maîtresse est la première à se ressaisir.

— Je pense que ce... coup de vent est passé ! dit-elle en sortant de dessous son bureau. Cependant, je crois qu'il est plus sage de fermer l'école, le temps de remettre un peu d'ordre dans ce bazar. Vous pouvez rentrer chez vous...

Dans la cour, les copains regardent Mini-Loup avec méfiance.

— T'as une idée sur ce qui vient de se passer ? demande Anicet, soupçonneux.

— Et puis, avec qui parlais-tu tout à l'heure ? interroge à son tour Moussa.

— Ouais, parle-nous de la fille dont tu as hurlé le nom, insiste Mini-Pic.

Louna, quant à elle, ne pose aucune question. Elle se contente de fixer Mini-Loup d'un regard noir...

Mini-Loup voudrait bien leur présenter Bertille, mais il commence à se méfier de cette chipie de plus de sept cents ans. Il vaut mieux qu'il la ramène dans son placard avant qu'elle ne fasse une autre bêtise.

— Je vous expliquerai tout plus tard, assure Mini-Loup. Mais là, il faut vraiment que j'y aille...

Sur ces mots, il s'éloigne précipitamment. Lorsqu'il passe devant les copains,

Moussa jurerait l'avoir entendu murmurer :

— Et toi, si tu recommences, je te coupe les couettes !

Épilogue

Mini-Loup n'a plus envie de rire. Il est prêt à supporter des tas de choses mais pas que son amoureuse refuse de lui adresser la parole...

— C'est pas drôle ! À cause de toi, Louna me fait la tête.

Réalisant qu'elle est allée un peu loin, Bertille tente de se racheter.

— On pourrait aller la voir pour s'expliquer, propose-t-elle. Entre filles on se comprendra...

Mini-Loup préférerait que Bertille reste en dehors de ça. Mais il doit reconnaître que c'est le seul moyen de convaincre Louna.

— Au point où on en est, je ne risque plus rien à essayer, marmonne-t-il.

Lorsqu'ils arrivent devant la maison de Louna, Bertille a promis de rester invisible.

— Invisible ET muette, ce serait encore mieux ! conclut Mini-Loup en appuyant sur le bouton de la sonnette.

C'est Louna elle-même qui ouvre la porte. En découvrant Mini-Loup, elle perd son sourire.

— Qu'est-ce que tu fais là, toi ? Je ne veux plus que tu m'adresses la parole !

— Je t'en supplie, demande Mini-Loup. Accorde-moi cinq minutes et tu comprendras tout...

— Cinq minutes, pas une de plus, répond Louna qui paraît toujours aussi fâchée. Entre...

Mini-Loup ne se fait pas prier et il suit Louna jusque dans sa chambre.

— Alors ? demande Louna qui s'est assise sur son lit, les bras croisés. Qu'as-tu de si important à me dire ?

— Est-ce que tu crois aux fantômes ? demande Mini-Loup, bien décidé à ne pas tourner autour du pot.

— Oh, non ! Tu ne vas pas recommencer, s'écrie Louna.

— Ne te fâche pas, dit Mini-Loup. Moi non plus je n'y croyais pas jusqu'à hier. Mais maintenant...

— ... maintenant tu y crois ! se moque Louna. Et peut-on savoir ce qui t'a fait changer d'avis ?

— Bertille.

— Encore elle ! Vas-tu enfin me dire qui est cette fille ? éclate Louna, la voix pleine de colère.

— C'est elle, déclare Mini-Loup en désignant Bertille qui est à présent bien visible avec sa pâleur et ses couettes.

C'en est trop pour Louna qui pousse un petit cri plaintif avant de tomber dans les pommes...

Lorsqu'elle rouvre les yeux, Mini-Loup lui tient la main et ça la rassure un peu.

Mais c'est tout juste si elle ne s'évanouit pas une deuxième fois quand elle réalise que Bertille est toujours là.

— Tu... tu es vraiment un fantôme ? demande-t-elle, incrédule.

— Évidemment ! répond Bertille. Et ça fait 738 ans que ça dure...

— Je vais tout te raconter depuis le commencement, propose Mini-Loup. Tu te rappelles la partie de cache-cache...

À mesure qu'il avance dans son récit, Louna se détend. À la fin, elle rit même de bon cœur.

— C'est incroyable ! s'exclame-t-elle lorsque Mini-Loup a fini de parler. Je crois que j'ai été injuste avec toi, ajoute-t-elle en lui faisant un bisou. Tu me pardonnes ?

Quand Louna l'embrasse, Mini-Loup est prêt à tout pardonner. Pour un peu, il se mettrait à flotter au-dessus du sol...

Lorsqu'il revient sur terre, les filles sont en pleine discussion.

— Tu aurais vu la tête de Mini-Loup quand il m'a vue pour la première fois... pouffe Bertille.

Elles s'entendent si bien qu'elles commencent même à taquiner Mini-Loup !

Louna ne peut s'empêcher de raconter des histoires qu'il aurait préféré oublier. Et Bertille rigole...

Mini-Loup n'en demandait pas tant.

Et voilà que les filles parlent de passer la soirée ensemble à papoter !

Lorsque Mini-Loup leur fait remarquer qu'il est tard et qu'il doit rentrer, elles échangent un regard complice...

— Hi, hi, hi ! Je crois que je vais encore rester un peu ici, répond Bertille. Si Louna n'y voit pas d'inconvénient, bien sûr...

— Au contraire ! s'exclame sa nouvelle amie. Comme ça, on pourra finir notre conversation...

— Vous êtes sûres ? demande Mini-Loup qui, au fond de lui, est ravi de se débarrasser de Bertille. Dans ce cas, je crois que je vais vous laisser...

En se couchant ce soir-là, Mini-Loup songe que la journée finit mieux qu'elle n'avait commencé.

Cette nuit-là, il dort comme un loir.

Mais pas Louna...

FIN

Quelles nouvelles histoires rigolotes
Mini-Loup va-t-il encore nous raconter ?
Pour le savoir, regarde vite la page suivante !

Mini-Loup et sa bande ont plein de drôles d'aventures à nous faire partager !

Dans le 17e volume de la série,

Mini-Loup va jouer dehors

Mini-Loup et ses amis adorent jouer en plein air. La balançoire, le cerf-volant, les baignades… les occasions de s'amuser ne manquent pas ! Et les catastrophes non plus...

Les as-tu tous lus ?

Mini-Loup
sa petite sœur

Le nouveau copain
de Mini-Loup

Mini-Loup fait
des cauchemars

Mini-Loup fait
du cinéma

Mini-Loup veut
devenir grand

lini-Loup et
tits loups filous

Mini-Loup
et le trésor

Mini-Loup
adore l'hiver !

Mini-Loup
et les filles

Mini-Loup
adore l'été !

Mini-Loup
ait la fête !

Mini-Loup
en Afrique

Mini-Loup
premier de la classe

Mini-Loup
roi de la glisse

Mini-Loup
et son amoureuse

Table

1. La grange 5

2. La maison 28

3. L'école 52

4. Épilogue 76

PAPIER À BASE DE
FIBRES CERTIFIÉES

hachette s'engage pour l'environnement en réduisant l'empreinte carbone de ses livres. Celle de cet exemplaire est de :
450 g éq. CO_2
Rendez-vous sur
www.hachette-durable.fr

Imprimé en Espagne par Cayfosa Impresia Ibérica
Dépôt légal : juillet 2011
Achevé d'imprimer: août 2015
20.1484.3/07 – ISBN 978-2-01-201484-8
Loi n°49-956 du 16 juillet 1949
sur les publications destinées à la jeunesse